Lars Büscher

Fahre mit mir ans Meer

AF288462

Fahre mit mir ans Meer

Lars Büscher

Impressum

Bibliografische Information der Deutschen Nationalbibliothek:
Die Deutsche Nationalbibliothek verzeichnet diese Publikation in der
Deutschen Nationalbibliografie; detaillierte bibliografische Daten sind
im Internet über http://dnb.dnb.de abrufbar.

Lektorat: Team Kultur: inklusive
Korrektorat:
weitere Mitwirkende:

Herstellung und Verlag: BoD – Books on Demand, Norderstedt

ISBN: 9783757878443

ÜBERSICHT

I **Über Mich**

II Über das Leben

III Über die Einsamkeit

Ein Wort

Kam ein Wort zu mir
und sagte:
„Zähme mich"
„Nein",
antwortete ich.
„Du musst mich zahmen,
es geht nur so."

Bücher

Bücher
sind gebundenes Leben.

Ich und die Welt

Ich scheine nicht in eure Welt zu passen.
Aber ich liebe sie, diese Welt.

Was machen wir nur
mit mir
und der Welt?

Sysyphos

Eines Morgens traf ich Sysyphos.
Noch bevor ich ihn begrüßen konnte,
drückte er mir einen Felsen in die Hand
und verschwand.

Es fehlt nicht viel

Es fehlt nicht viel
zu meinem Glück.

Heb mich einmal hoch
und ich kann es greifen.

Fahre mit mir ans Meer

Pack mich nicht in Watte,
nur weil ich sensibel bin.

Pack mich ein
und fahre mit mir ans Meer.

Welche Farben hat die Traurigkeit

Bin ich traurig,
sind meine Augen blau wie das Wasser,
meine Arme grün wie das Moos,
und mein Verstand grau wie die Dämmerung.

Unter Geiern

Ich lebe gerne
unter Geiern.

Denn dann weiß ich,
dass ich noch lebe.

.

Sternennacht

In jeder Sternennacht
sehe ich viel Nacht und Schwere.

Immer weiter und weiter gleite ich
in den Himmel...
bis ich den ersten Stern erblicke,
dann den zweiten.

So hell in meinen Augen,
als sei die Sonne schon aufgegangen.

Wenn alles ruhig ist in mir

Wenn alles ruhig ist in mir,
die inneren Wolken
an meiner Schädeldecke vorbeiziehen...
der Stein von meiner Brust rollt...
und Du an mich denkst...
dann bin ich glücklich.

Selbstwahrnehmung

In der Zeitung steht,
ich sei glücklich.

Warum bin ich immer
der Letzte,
der es erfährt?

Fremd

Fremd,
wie bedrohlich das Wort klingt,
wenn es nur eine Silbe hat.

Es zieht vorbei

Mache die Tür nicht auf.
Der Krieg kommt morgen
und übermorgen der Zirkus.
Vor was soll ich mich mehr fürchten?
Bleib bei mir
und unsere Augenlieder sollen die Zugbrücke
sein.
Kämpfen, nein kämpfen mag ich nicht mehr.
Der unendliche Krieg gab mir nur einen
Frieden.
Den will ich mit Dir teilen.
Hörst Du die Trompeten?
Die Stimmen im Wind?
Es zieht vorbei, das Leben...
Ob es auch Glück gebracht hätte,
wir werden es nie erfahren.

In grauen Zellen

In grauen Zellen verstecke ich mich vor dem Leben.
Krähen fliegen von draußen gegen vergitterte Fenster.
Flach liege ich auf den Boden
und zähle die Staubkörner.
Noch bin stark genug,
morgen bin ich es auch.
Und übermorgen werde ich mich selbst entlassen-
Hoffentlich...

Tiefsee

Tiefer, immer tiefer
hinab tauche ich in Farben,
die sich bewegen in den schönsten Luftblasen.

Tiefer, immer tiefer
hinein in einen Rausch...

Mein Körper treibt todlos
auf einen Stein zu.
Darunter liegt begraben
der letzte lachende Hans,
das letzte Wort für Meer.
Jetzt bleib nur noch
ein letzter Atemzug
und ich berühre den Grund aller Dinge,

II Über das Leben

Launen

Du kannst sie
ausleben, töten,
verbiegen, verwandeln,
behalten, der Natur zurückgeben,
verstecken, zeigen,
bunt oder schwarz anmalen.

Was immer Du willst...

Weltschmerz

Ich mag das Wort,
weil eine ganze Welt
darin steckt.

Von Drachen und Kaninchen

Manchmal willst Du
morgens Drachen töten
und abends Kaninchen züchten.

Steine

Was ist der Unterschied
zwischen Steinen und Menschen?

Steine lassen sich bewegen.

Grenzen

Vor Grenzen habe ich
keine Angst,
nur von dem,
was in ihnen wohnt.

Gras über den Gräbern

Woran man merkt,
dass es besser wird...

Wenn man das Gras
über den Gräbern der Erfahrungen
wachsen hören kann.

Welt in unserer Hand

Wir halten zusammen die Welt in unseren
Händen
doch jeder schaut nur auf den Anderen
und hofft sie nicht als Erster fallen zu lassen.

Willen

Wer die Welt ändern will,
will auch Dich ändern.

Willst Du das?

Neue Wege

Ich gehe, um zu gehen.
Der Weg führt mich entweder
weg oder hin zu Dir.
Die Angst vorm Dahinlaufen schwindet
mit jeder Weggabelung.
Leicht wird mein Herz mir,
wenn ich über federnde Wolken laufe.
Wohin ich laufe
und was mein Ziel ist,
die Zeit wird es vergessen.

An Bahnsteigen

Ich stehe gerne an Bahnsteigen
und warte auf Züge.
Ich steige nur ungern ein,
und fahren möchte ich
erst recht nicht.
Ich will nur mit meinen eigenen Augen sehen,
dass ich es immer noch könnte.

Garten im Frühling

Eines Morgens und keiner weiß
genau warum,
da beginnt der erste Vogel an zu singen.
Dann ein zweiter
und lockt damit den ersten Sonnenstrahl.
Ein Gartenbesitzer schaut aus dem Fenster
und ruft: „Jetzt ist Frühling!".

Garten im Sommer

Wenn Katzen im hohen Gras
Bienen in ihren Träumen jagen
und Kinder am Gartentisch
aus Ton eine bessere Welt formen,
dann ist Sommer.

Gewitter

Du willst der Blitz sein
und der Donner.

Dann bin ich der blaue Himmel davor
und der Regen danach.

Dem Fluss folgen

Manchmal muss man
einfach dem Fluss folgen,
auch wenn man nicht weiß
ob er dich an die Quelle oder ans Meer führt.

Haut zu Markte

Einmal wollte ich meine Haut zum Markte
tragen.
Teuer wollte ich sie verkaufen.
Dann wurde mir kalt,
und ich kaufte mir doch lieber einen
warmen Mantel.

Du bist

Du bist das Feuer
in meinen Händen.

Du bist die Hand,
die mich hält.

Du hält es verborgen
das Geheimnis,
wie Du es machst.

Ich verstehe die Liebe nicht

Jeder liebt dich.
Das kann ich nur zu gut verstehen.
Warum ist es so unverständlich,
dass ich es auch tue...
Und warum liebt mich niemand,
wenn wir uns doch so ähnlich sind...

Ⅲ Über die Einsamkeit

Linien

Linien führen heraus aus meinen Gesicht
direkt zu euch.
Wo seid ihr?
Heißt es noch Himmel,
oder haben sie es umbenannt?
Braucht ihr überhaupt noch Namen?
Ich hoffe nicht,
alle Namen, die sie mir geben,
die passen nicht zu mir.
Hier reißen sie jeden Tag
neue Straßen und Wunden auf.
Wenn morgen Frieden ist,
dann wird morgen ein neuer erklärt.
Eine ganze Welt stirbt,
doch die meisten glauben es erst,
wenn sie die Leiche sehen.

Doch ich will hoffen, an Engel glauben, lieben.
Grün wird immer meine Lieblingsfarbe sein.

Ich vermisse euch,
und wer vermissen kann,
der kann bestimmt auch heilen.

Vermissen

Wer soll die Stunden zählen,
wenn selbst die Zeit Dich vermisst?

Der Sturm

Wenn ich jetzt mit Dir sprechen will,
dann flüstere ich in den Wind
und hoffe,
Du antwortest nur dieses Mal
nicht mit einem Sturm.

Angst vor dem Tod

Viele sagen,
sie haben Angst vor dem Tod.

Wenige sagen,
sie haben Angst vor dem Leben.

Warum nur?

Allein

Ich bin sehr gut darin
allein zu sein.
Aber sicher
geht auch das
zu Zweit
noch besser.

Liebesgedicht

In sonnenklaren Stunden
sehe ich den Mond in deinen Augen.
Was mache ich nur mit all meiner Liebe?
Willst Du sie nicht haben
oder gleich mein ganzes Herz?
Nimmst Du es ,
so wirst du schwer tragen.
Mach es hell, mach es leicht.
Graviere deinen Namen hinein,
nur gib es mir niemals zurück.

Wohin Straßen führen sollen

Ich renne hinaus
in den Regen.
Meine Angst
habe ich wohl in meiner Wohnung gelassen.
Mein Verstand sicher verstaut
unten in meinem Rucksack.

Heute will ich nass und lebendig sein,
anstatt trocken und erstarrt.
Der Regen soll all meine verkrustete Haut
aufweichen.
Vor meinen Augen soll alles verschwimmen,
bis ich keine Unterschiede mehr erkenne.
Ich will weiterlaufen,
dahin,
wo die Straßen keine Namen mehr haben.
In allen Pfützen sollen meine blauen Augen
funkeln.
Und an den Anzeigen der Bushaltestellen
nur noch **ENDSTATION SEHNSUCHT**
stehen.
Dann dreh ich mich um,
und will alles noch einmal so sehen
als sei ich ein Kind.
Mit trockenen Augen und so, als könnte
ich die Schönheit eurer Häuser bewundern,
ohne zu wissen, was in ihnen geschieht.

Regen

Heute wird es regnen
und morgen auch.

Sag mir,
es wird bald aufhören
ohne zu lügen.

Garten im Herbst

Die Blätter der letzten müden Bäume
fallen auf meinen gesenkten Kopf.
An den Stacheln der Igel hängen Kastanien.
Pilze fliehen vor dem ewigen Herbst
in die sich öffnende Erde
und nehmen die Zeit gleich mit.

Garten im Winter

Eingefroren unter meinem Sommerlachen
blühen schon bald
in einem Garten,
weit, weit entfernt
die ersten Vorboten des Frühlings.

Phönix

Meine Brust zerbricht.
Mein Atem fließt aus meinem Körper.
Meine Gedanken geben auf.
Mein ganzer Körper zittert vor der großen
Welt.
Haltet sie an,
bis ich wieder aus der Asche auferstehen
kann.

Auch diesmal

Auch diesmal
geht der Schmerz.
Kommt der Trost.
Das Schwere wird leicht.
Das Schweigen wird ein Wort.
Auch morgen wird die Sonne aufgehen.
Auch diesmal will ich darauf vertrauen.

Wie heißt es nur?

Niemand, den ich danach gefragt habe,
kennt diese Einsamkeit.
Gibt es sie vielleicht gar nicht?
Aber wie heißt es dann
dieses Gefühl,
welches ich nur zu gut kenne?
Nenn doch bitte den Namen...
nur einmal für mich.

Monologe mit der Einsamkeit

Der Regen riecht wie Erde,
die ich nie betreten habe.

Die Sonne fühlt sich an wie Dinge,
die ich längst vergessen habe.

Der Mond ist nicht der,
der er sein sollte.

Selbst der Wind bringt heute keine Nachricht
von dir.

Was bleibt am Ende dieses Tages?
Nur Monologe mit der Einsamkeit.

Kerze

Du bist die Kerze,
die an beiden Enden brennt.

Und ich das Streichholz,
welches Du achtlos weggeworfen hat.

Trost

Ich spende keinen Trost.
Ich schenk ihn Dir.

Die Welt leiser drehen

Wenn du mich hier so
sitzen siehst auf einer Bank,
dann denkst du bestimmt,
ich wäre jetzt lieber alleine.

ABER SO IST ES NICHT

Wenn du einen Hund bellen hörst,
dann ist es für mich ein ganzes Rudel.

Wenn ein Auto an dir vorbeifährt,
dann ist es für mich eine ganze Straße.

Wenn dich jemand EINMAL verletzt,
dann verletzt er mich DREIMAL.

Wenn du mich morgen hier sitzen siehst,
dann lächele still
und drehe die Welt einfach etwas leiser für
mich.

Der Autor

Lars Büscher wurde 1976 geboren. Er wohnt zurzeit in Münster und arbeitet für das Projekt Kultur: inklusive Münster.

Im April 2023 ist der erste Lyrikband „Das Leben ist eine sichere Bank" ebenfalls bei Books on Demand erschienen.

Der Autor schreibt seit über 20 Jahren Gedichte.

Letzte Seite

Besonderen Dank an: Lisa

Dank an: Elias, Mareike und Rainer.

Dank an alle, die sich angesprochen fühlen.

JETZT IST ES GUT